LETTRE

*A Mr. D***,*

SUR LE LIVRE

INTITULÉ:

ÉMILE,

OU

DE L'ÉDUCATION,

Par JEAN-JACQUES ROUSSEAU,

Citoyen de Genève.

A AMSTERDAM;

Et se trouve à PARIS,

Chez GRANGÉ, Imprimeur-Libraire, rue de la Parcheminerie.

M. DCC. LXII.

LETTRE
*A M. D***.*

MONSIEUR,

Vous m'avez chargé de vous rendre un compte exact & détaillé du Livre de *Jean-Jacques Rousseau sur l'Education*. Lorsque vous me fîtes l'honneur de m'en parler, je l'avois déjà lû ou plutôt dévoré avec ce coup-d'œil avide & précipité que l'on accorde d'abord aux nouveautés célèbres. C'en étoit assez pour le connoître & pour en juger.

Les défauts de cet Auteur ſont auſſi palpables que ſes beautés. Il ne cherche point à pallier les vices & l'inconſéquence de ſes principes, il les montre à découvert : il uſe, en écrivant, de la même liberté dont il eſt ſi jaloux dans ſa maniere de vivre. J'aurois donc pû vous dire dès-lors, ſans revenir ſur mes pas, tout ce que je penſe de cet Ouvrage ; mais pour mieux répondre à vos intentions, j'ai pris le parti d'en faire une lecture plus lente & plus réfléchie. Il n'a pas gagné à être vû de plus près. Malgré les réflexions fines & délicates, les portraits ingénieux & les ſaillies vives & brillantes dont il eſt rempli, je ne l'ai relu qu'avec peine, & il m'en a coûté pour arriver juſqu'à la fin. C'eſt le ſort de tous ces Ecrits philoſophiques dont le Public eſt inondé. Ils plaiſent, ils ébloüiſſent à la premiere lecture, ils fatiguent à la ſeconde, & l'on s'en dégoûte tout-à-fait à la troisieme. Le vrai y est presque toujours défiguré. Ces prétendus Philosophes, à force de vouloir s'élever au-dessus du vulgaire, se perdent dans les nues : ils s'efforcent de nous développer les plus secrets replis du cœur humain par de vaines subtilités, par des rafinemens de passion, des délicatesses de sentiment qui n'ont de réalité que dans leur imagination, que personne n'a jamais senti, & que le cœur humain désavoue. Ils cherchent à surprendre les suffrages par des vues plus profondes & plus rafinées, & ils ne nous montrent souvent que des vues chimériques. Ils ignorent ou ils feignent d'ignorer que ce principe : *Rien n'est si beau que le vrai*, est gravé dans toutes les ames.

Le Livre de *Rousseau* a dû rebuter même à la premiere lecture ceux qui n'ont aucune teinture des Sciences abstraites, dont le langage leur eſt inconnu. Les comparaiſons priſes de l'Algèbre & de la Géométrie ne ſont-elles pas, pour eux, des énigmes impénétrables? Je n'en rapporterai que deux ou trois exemples. » L'homme civil, dit *Rouſ-* » *ſeau* (1), n'eſt qu'une unité fraction- » naire qui tient au dénominateur, & » dont la valeur eſt dans ſon rapport » avec l'entier, qui eſt le corps ſocial. « L'Auteur a-t-il pû ſe flatter qu'une pareille définition ſeroit entendue des peres & des meres à qui ſon Ouvrage eſt adreſſé ? Les a-t-il cru tous initiés dans les myſteres de l'Algèbre & de la Géométrie ? Comment n'a-t-il pas ſenti qu'il leur donnoit plutôt une énigme à deviner qu'une vérité à connoître. » Il » y a, dit-il en un autre endroit (2),

---

(1) Tom. I. pag. 10 & 11.
(2) Tom. II. pag. 83.

» une eſtime publique attachée aux dif-
» férens Arts en raiſon inverſe de leur
» utilité réelle. « Il parle aux peres & aux meres, aux tuteurs & généralement à tous ceux qui ſont chargés du ſoin d'élever des enfans, & il croit toujours parler à des Géometres. Entreprend-il d'expliquer les principes du Gouvernement politique, avant que de l'*écouter*, ſi vous avez envie de le comprendre, commencez par étudier les Elémens d'Euclides & les calculs de l'Algebre; car il vous dira (1) » que plus le Gou-
» vernement a de force pour contenir
» le Peuple, plus le Souverain doit en
» avoir à ſon tour pour contenir le Gou-
» vernement; qu'il ſuit de ce double
» rapport que la proportion continue
» entre le Souverain (le Prince) & le
» Peuple n'eſt point une idée arbitraire,

(1) Tom. IV. pag. 394.

» mais une conséquence de la nature de
» l'Etat ; qu'il suit encore que l'un des
» extrêmes, sçavoir le Peuple, étant
» fixe toutes les fois que la raison dou-
» blée augmente ou diminue, la raison
» simple augmente & diminue à son
» tour, ce qui ne se peut faire sans que
» le moyen terme change autant de
» fois. « Ce langage scientifique vous paroîtra-t-il bien placé dans un Traité de morale qui doit être à la portée de tout le monde ? L'Auteur n'a-t-il prétendu écrire que pour les Sçavans ? A-t-il prétendu qu'il seroit lû & admiré par les autres sans être entendu ? Cette obscurité qu'il affecte souvent dans les expressions, il la met quelquefois dans les choses. Trouvera-t-il beaucoup de peres & de meres capables de saisir au mier coup d'œil le sens de cette longue période ? (1) » Chaque caractere

(1) Tome IV. pag. 184.

» étant développé par les institutions » sociales, & chaque esprit ayant reçu » sa forme propre & déterminée, non de » l'éducation seule, mais du concours » bien ou mal ordonné du naturel & de » l'éducation; on ne peut plus les assor- » tir qu'en les présentant l'un à l'autre, » pour voir s'ils se conviennent à tous » égards, ou pour préférer au moins le » choix qui donne le plus de ces con- » venances. « Voilà certainement une phrase de longue haleine, & qui approche un peu du galimatias, & vous m'avouerez que plus d'un Lecteur seroit obligé d'y revenir à deux fois pour la comprendre.

On ne doit pas sans doute attaquer sur les mots un Auteur qui donne tant de prise sur les choses; mais je ne puis m'empêcher d'observer qu'il invente quelquefois sans nécessité des expressions si nouvelles & si peu connues, qu'elles en ſont preſque ridicules. Il aime mieux dire (1) des membres *en doloris*, que des membres douloureux. Il ſe donne en un autre endroit (2) pour » un Solitaire qui vivant peu avec » les humains, a moins d'occaſions de » *s'imboire* de leurs préjugés. « *S'imboire* eſt une expreſſion nouvelle & ſcientifique, qui rend mal le mot latin *ſe ipſum imbuere*; que ne diſoit-il, a moins d'occaſions de ſe nourrir de leurs préjugés? Mais il dédaigne d'employer des expreſſions ſi communes; il veut être ſingulier en tout; il croit peut-être enrichir par-là notre Langue, & il ne fait qu'appauvrir ſon Ouvrage.

Oſerai-je même vous dire, MONSIEUR, malgré le goût dépravé de notre ſiécle, que ce tiſſu continuel de

(1) Tom. IV. pag. 313.
(2) Tom. I. pag. 265.

réflexions profondes & recherchées, de contre-vérités tournées en principes, de prétendus développemens du cœur humain, qui auroient eux-mêmes besoin d'être développés, devient nécessairement ennuyeux dans un Ouvrage de longue haleine. A force de vouloir faire briller son esprit, on lasse celui des autres; à force de leur donner à penser, on devient énigmatique. Il faut que l'esprit soit toujours tendu pour vous deviner & pour vous comprendre: or tout homme qui lit un gros Livre est en droit d'exiger que l'on ménage son application & ses forces; qu'on l'éclaire sans le fatiguer; qu'on le conduise au but qu'on lui propose par un chemin doux & uni, où rien ne l'arrête; qu'on lui présente des fleurs sans épines, qu'il puisse cueillir sans effort; qu'enfin l'on lui montre la vérité dans un jour pur & serein qui l'invite à la contempler à loiſir. Il s'en laſſe & il s'en dégoûte, quand il la voit ſurchargée de couleurs trop vives & trop multipliées, plus propres à offuſquer ſes regards qu'à les attirer. » Tant d'éclairs m'ébloüiſſent, » diſoit l'illuſtre Fénélon (1) en parlant » du ſtyle de Séneque ; je cherche une » douce lumiere qui ſoulage mes foibles » yeux. «

On relira toujours avec un nouveau plaiſir les Ecrits immortels de Virgile & d'Homere, de Ciceron & de Tite-Live, des Auteurs modernes qui ont formé leur ſtyle ſur celui de ces grands modeles. On ne revient pas avec le même goût à ceux qui s'en écartent. Fléchier ſera toujours moins lû que Boſſuet & Fénélon, parce que ſon ſtyle eſt plus recherché, & par conſéquent moins naturel. On ſe dégoûte aiſément

(1) Lettre ſur l'Eloquence & la Poëſie, à l'Académie Françoiſe.

de l'arrangement affecté de ses périodes & du choc perpétuel de ses antitheses, tandis que l'on ne se lasse jamais de l'éloquence sublime & naturelle qui brille dans les Ecrits des plus célèbres Ecrivains du dernier siécle. On méprise aujourd'hui les regles & les exemples que nous ont transmis ces grands Maîtres dans l'art de parler & d'écrire. Nous donnons dans les mêmes défauts que les Romains, après le siécle de Jules-César & d'Auguste, lorsque Pline & les deux Séneques succéderent à Ciceron & à Virgile. Est-ce que nous croyons mieux faire en ne les imitant pas? Non, disoit un Historien de l'ancienne Rome, qui déploroit la corruption & la décadence du style; mais parce qu'on ne se sent pas assez de génie pour les atteindre, on a cessé de les suivre. *Et cum assequi non possunt sequi desinunt* (1).

(1) Velleius Paterculus.

Le désordre & la confusion qui regnent dans le Livre de *J. J. Rousseau* contribuent encore à m'en dégoûter. L'Auteur qui employe si volontiers les expressions mystérieuses de la Géométrie, ne fait aucun usage de la méthode des Géomètres, qui seroit cependant ici beaucoup mieux placée que leur langage. On voit qu'il n'a formé aucun plan avant que de composer son Livre; qu'il n'a pour objet que de s'abandonner à son imagination, sans lui prescrire de bornes; elle l'emporte en quelque sorte malgré lui : il s'égare à tout moment dans des digressions infinies, qui seront, si vous voulez, agréables & ingénieuses; mais presque toujours hors d'œuvre ou trop étendues. Il définit lui-même son Ouvrage (1) » un Recueil de ré» flexions & d'observations sans ordre

(1) Préface, Tom. I. pag. 9.

» & preſque ſans ſuite. « Mais cet ordre & cette ſuite eſt juſtement ce qui doit regner dans un Ecrit fait pour inſtruire & pour éclairer. On ne s'attend point à y trouver les écarts & l'enthouſiaſme d'une imagination déreglée. Cette conſtruction irréguliere, qui peut plaire quelquefois dans une Piece de Poëſie, eſt tout-à-fait déplacée dans un Traité de Morale, où l'on doit conduire l'eſprit d'une vérité à l'autre, ſans s'écarter de ſon objet. Le Lecteur ſe porte naturellement vers le but qu'on lui a propoſé d'abord ; & c'eſt lui faire une eſpece de violence que de l'en détourner par des digreſſions qui le lui font perdre de vûe : il veut que chaque principe, chaque réflexion, chaque vérité ſoit miſe à ſa place, & n'ait préciſément que l'étendue qu'elle doit avoir, ſuivant ce précepte d'Horace :

Ordinis hæc virtus erit & venus, aut ego fallor ;

Ut jàm nunc dicat jàm nunc debentia dici:
Plera que differat, & præſens in tempus omittat.

ARTE POETICA.

Et que me font, à moi, les préceptes d'Horace? dira Rouſſeau : je ſuis libre, & je veux l'être dans mes Ecrits comme dans ma conduite : je ne reconnois point de Maître ni de Supérieur qui ſoit en droit de guider ma plume ; je jette mes penſées ſur le papier (1), & mes *feuilles* dans le Public, ſans m'embarraſſer de ce qu'il en dira. On pourroit lui répondre : Vous qui louez tant la ſincérité, vous devriez être plus ſincere ; vous cherchez en écrivant à vous faire une réputation, & vous ne ceſſez d'écrire que pour la ſoutenir & pour l'augmenter. Tout homme qui donne quatre volumes au Public eſt convaincu, par cela ſeul, d'aſpirer à ſon eſtime : or il y a

(1) Préface, Tom. I, pag. 2.

des regles sûres pour l'obtenir, qui nous ont été transmises par les Maîtres de l'Art. Vous n'obtiendrez pas cette estime, que vous recherchez, en vous éloignant de leurs maximes : ils jouissent d'une réputation fondée sur la raison, que tous vos paradoxes ne détruiront jamais; & si vous méprisez leurs préceptes, le Public éclairé les vengera de vos mépris par celui qu'il aura pour vos Ouvrages. Vous surprendrez d'abord le suffrage de ces Lecteurs frivoles & superficiels, qui ne sçavent pas distinguer les beautés solides & réelles de celles qui n'en ont que l'apparence. Mais des Lecteurs plus habiles & plus judicieux feront disparoître ces approbations aveugles & prématurées; l'éblouissement cessera, l'illusion se dissipera, & vous subirez le sort des Ecrivains qu'on ne lit plus. Vos Lecteurs sont vos Juges; que gagnerez-vous à leur dire avec un ton de confiance plus propre à les révolter qu'à les séduire : » Lecteurs, j'entends déjà vos mur- » mures, & je les brave. . . . . Prenez » votre parti sur mes longueurs ; car, » pour moi, j'ai pris le mien sur vos » plaintes. « Leur parti sera bientôt pris, ces longueurs, ce sera de ne les plus lire ; & en ne les lisant plus, ils s'épargneront à eux-mêmes la peine de s'en plaindre, & à vous celle de braver leurs plaintes, leurs murmures. Eh ! plût à Dieu que le Livre de *J. J. Rousseau* ne fût répréhensible que par ses longueurs ! Il l'est encore bien plus par les contradictions, les absurdités, les fausses maximes & les préceptes impraticables dont il est rempli.

» Je hais les Livres, « nous dit-il (1). Et pourquoi donc ne cesse-t-il d'en faire,

(1) Tom. II. pag. 76.

& de ſurcharger la preſſe par la multiplicité de ſes volumes ? Il en a lû un ſi grand nombre, qu'il les cite perpétuellement pour les réfuter, ou pour appuyer ſes ſentimens. Il hait les Livres, & parmi ceux qu'il a lû, devineroit-on celui auquel il donne la préférence, le ſeul dont il permette la lecture à ſon Eleve? (1) C'eſt le Roman des Aventures imaginaires de *Robinſon Cruſoé*. Voilà le Livre par excellence qui renferme toute ſa Philoſophie. N'a-t-il pas eu raiſon de dire dans ſa Préface (2) : » Je ne vois pas comme les autres hommes. Il y a long-tems qu'on me le » reproche? « Le mal eſt qu'on a grande raiſon de le lui reprocher ; & malgré tous les efforts de ſa plume féconde en paradoxes, il ne déterminera jamais les autres hommes à voir comme lui.

(1) Tom. II. pag. 18.
(2) Tom. I. pag. 4.

» Depuis long-tems, dit-il (1), ils » me voyent dans le pays des chime» res ; mais je les vois toujours dans le » pays des préjugés. « Ce n'est pas le moyen de se rapprocher. Il y a cependant un troisieme pays qui se trouve justement placé entre les deux autres ; c'est le pays de la raison & du bon-sens. Ce n'est pas celui que *J. J. Rousseau* habite le plus ordinairement ; il affecte plutôt de s'en éloigner ; son but est de paroître singulier, & on y arrive bien plus aisément par des chimeres que tout le monde rejette, que par des préjugés que tout le monde admet. Cet amour effréné de la singularité le fait donner à tout moment dans des écarts incompréhensibles. Il veut (2) que son Eleve soit » un esprit commun. « Il ne suppose

(1) Tom. II. pag. 333.
(2) Tom. I. pag. 55.

dans lui (1) » ni un génie tranſcendant, ni un entendement bouché. « Il l'a choiſi parmi les » eſprits vulgaires ; « & il prétend que cet eſprit *commun & vulgaire* apprendra, dans un petit nombre d'années, les ſciences les plus difficiles. Il ne prétend rien moins que d'élever ce génie médiocre aux plus ſublimes connoiſſances, ſans le ſecours d'aucun Livre élémentaire, & ſans preſque y ſuppléer par aucune inſtruction. Cet eſprit vulgaire & commun, guidé par ſa ſeule curioſité, ſçaura bientôt tous les principes de la Morale & du Droit public ; ſans avoir lû d'autre Livre que *Robinſon Cruſoé* (2) ; l'Aſtronomie, ſans avoir manié la ſphere ; la Géographie, ſans voir aucune carte ; la Muſique, ſans connoître aucune note (3). *Jean-Jacques*

(1) Tom. II. pag. 302.
(2) Tom. I. pag. 264 & ſuivantes.
(3) Ibid. pag. 374.

pousse l'extravagance jusqu'à vouloir qu'on lui épargne les instructions verbales. » Ne donnez, dit-il, à votre » Eleve aucune espece de leçon ver» bale, il n'en doit recevoir que de l'ex» périence. « En un mot, il sçaura tout, & il devra tout son sçavoir à ses propres réflexions (1). La méthode prescrite par *Jean-Jacques* pour lui enseigner la Géographie paroîtra sur-tout difficile dans l'exécution. Il veut qu'il ne l'apprenne qu'en voyageant, qu'en examinant lui-même les lieux où il se transporte, pour en mieux connoître la véritable situation. On conçoit qu'il seroit assez facile d'apprendre par ce moyen la Géographie des environs de Montmorency & du territoire de Genève; mais il en coûteroit assurément beaucoup plus de peine & de fatigue pour

(1) Tom. I. pag. 198.

connoître par la même voye celle de l'Empire de la Chine ou des Isles du Japon. *Emile* trouveroit la fin de sa vie avant que d'être arrivé à celle de ses voyages; & quelqu'envie que l'on puisse avoir d'être habile Géographe, personne, je crois, ne sera tenté d'envoyer son fils à Constantinople ou à Ispaham, afin de le mettre plus à portée d'en connoître la situation & d'en mesurer la distance. Il est vrai que *J. J. Rousseau* a pris la précaution d'accoutumer son Eleve à la fatigue. *Emile* est riche (1), il a même de la naissance; & les enfans qui naissent avec ces deux avantages, sont ordinairement élevés avec trop de mollesse. Pour remédier à cet abus, » armons l'homme, dit *Rousseau*, contre » les accidens imprévus: qu'*Emile* coure » tous les matins, à pieds nuds, en toute

(1) Tom. I. pag. 58.

» ſaiſon, par la chambre, par l'eſcalier, » par le jardin : loin de l'en gronder, je » l'imiterai, ſeulement j'aurai ſoin d'é- » carter le verre. « Vous voyez qu'il penſe à tout, il prend ſoin *d'écarter le verre*; ce qui ne ſeroit pas une petite occupation, ſi le jardin étoit grand. Il porte encore plus loin ſon attention & ſa prévoyance. Un riche ne peut-il pas devenir pauvre juſqu'à manquer de tout & à n'avoir plus d'autre reſſource que le travail de ſes mains ? Le cas, à la vérité, n'eſt pas fort ordinaire ; & l'on voit bien plus de pauvres s'élever par leur induſtrie à l'état des riches, que de riches deſcendre à celui des pauvres ; mais enfin, quelques rares que puiſſent être les accidens qui produiſent de ſi étranges métamorphoſes, ils ne ſont pas abſolument impoſſibles ; on en a vû des exemples. *Emile*, quoiqu'élevé avec tant de ſoin, quoiqu'inſtruit ſi parfaite-

ment

ment de toutes les ſciences qui ornent l'eſprit & de toutes les règles qui perfectionnent les mouvemens du cœur, pourra tomber quelque jour dans la pauvreté, ſon ſage Inſtituteur, l'a prévu, & comme il veut pourvoir à tout, il a crû qu'un événement ſi rare & ſi extraordinaire, devoit entrer dans le plan général de ſon éducation. Que fera donc *Emile*, lorſqu'il aura perdu tout ſon bien ? Où ira-t-il ? Que deviendra-t-il ? La prévoyance de notre Auteur ſe porte juſques-là ; & pour mettre la ſubſiſtance de ſon Eléve à l'abri de tous les caprices du ſort, il veut que l'on lui faſſe apprendre un métier, *un vrai métier*, un Art mécanique, avec lequel il ſoit en état de gagner ſa vie. Il a bien compris que le pere ou la mere d'un enfant né dans la grandeur & dans l'opulence, ne s'accommoderoit pas aiſément d'une propoſition ſi biſarre,

& il n'oublie rien pour les rassurer. Il croit déja entendre les cris d'une mere étonnée qui lui dit : *un métier à mon fils* (1) ! mon fils Artisan, y pensez-vous ?

Admirez présentement l'heureux tour qu'il emploie pour lui rendre cette idée plus plausible ou plus supportable. » J'y pense plus que vous, Madame, » qui voulez le réduire à ne pouvoir » jamais être qu'un Lord, un Marquis, » ou un Prince, & peut-être un jour » moins que rien : moi, je veux lui » donner un rang qu'il ne puisse per- » dre, un rang qui l'honore dans tous » les tems, & quoique vous en puis- » siez dire, il aura moins d'égaux à ce » titre qu'à tous ceux qu'il tiendra de » vous ». Et qu'est-il ce rang qui doit l'honorer *dans tous les tems* ? C'est le

---

Tom. II, pag. 121.

rang de Maçon, de Menuisier, ou de tel autre métier purement méchanique qu'il lui plaira choisir: cette mere qui compte que selon le cours ordinaire des choses humaines, son fils étant né Lord, Marquis ou Prince, ne cessera jamais de l'être, aura peine à comprendre, 1. que le métier de Menuisier puisse s'appeller *un rang*. 2. Que ce rang, s'il en est un, doive l'honorer *dans tous les tems*. 3. Qu'il aura moins d'*égaux* à titre de Cordonnier ou de Menuisier, qu'à tous ceux qu'il tiendra de sa naissance: elle sera, au contraire, très-persuadée, 1. que le titre de Lord, de Marquis ou de Prince, donne ce qui s'appelle *un rang* dans le monde, & que le métier de Maçon, de Menuisier ou de Cordonnier n'en donne point, 2. que ce prétendu rang qu'il lui plaît d'attacher à un métier purement méchanique ne peut honorer son fils *dans tous les tems*. 3. Que loin d'avoir moins d'*égaux* à titre de Menuisier qu'à tous ceux qu'il tiendra de sa naissance, il en aura beaucoup davantage puisque pour un Lord, un Marquis, ou un Prince, il comptera dans un grand Royaume des milliers d'Artisans qu'il regardera comme ses égaux. C'est ainsi que raisonne simplement & grossièrement cette mere dont l'esprit est selon R. aveuglé des préjugés. Il faut donc tâcher de lui désiller les yeux, & *J. J. R.* ne désespere pas d'y réussir en lui disant d'abord avec emphase : » Madame, la lettre tue, » mais l'esprit vivifie ». Il y a lieu de croire que la fausse application que l'on fait ici de ce passage de l'Ecriture, ne suffira pas pour l'éclairer & qu'il se trouvera peu de meres capables d'appercevoir du premier coup d'œil la liaison de ce passage avec la maxime nouvelle que l'Auteur a dessein d'établir. Il se hâte de lui faire entrevoir cette liaison cachée lorsqu'il ajoute : » il s'agit moins » d'apprendre un métier pour sçavoir » un métier que pour vaincre les pré- » jugés qui le méprisent ». Comme si l'on ne pouvoit vaincre le préjugé de ceux qui mépriseroient un métier sans les obliger de l'apprendre ; une simple réflexion sur son utilité ou plutôt sur sa nécessité ne suffira-t-elle pas pour en donner de l'estime. » Vous ne serez ja- » mais réduit à travailler pour vivre, » poursuit *J. J. R.* (1), tant-pis pour » vous ». Les Artisans ne seront pas de son avis, & il ne doit pas espérer qu'ils l'en croient sur sa parole : réduits à travailler pour vivre, ils envieront toujours le sort de ceux qui sont exempts de cette nécessité ; ils se croient heu- reux lorsqu'ils ont travaillé assez utile-

(1) Tom. II. pag. 122

ment pour se mettre en état de vivre sans travail. On connoît sans doute les dangers des grandes fortunes, mais on n'en a jamais conclu qu'il falloit aspirer à la nécessité de vivre du travail de ses mains. Horace ne désiroit qu'une honnête médiocrité qu'il préféroit aux plus abondantes profusions de la fortune : mais il ne souhaita jamais d'être réduit à travailler pour vivre. Le Sage demandoit à Dieu de n'être ni riche ni pauvre ; & personne avant *Rousseau* ne s'étoit encore avisé de regarder comme un bonheur, une obligation qui suppose une véritable disette. Mais comment prouvera-t-il à la mere de son Eléve que,
» quoiqu'elle en puisse dire, il aura
» moins d'égaux à titre de Menuisier,
» qu'à tous ceux qu'il a reçu de sa nais-
» sance. Ne travaillez point, dit-il,
» par nécessité, travaillez par gloire :
» abaissez-vous à l'état d'Artisan pour

» être au-dessus du vôtre : pour vous » soumettre la fortune & les choses, » commencez par vous en rendre indé- » pendant, pour régner sur elles ». C'est par ces pensées vives & brillantes qu'il prétend étayer son paradoxe, mais si elles sont capables de plaire, elles ne sont pas propres à persuader, puisque toute sa preuve dégagée des expressions fortes & brillantes qu'il rassemble en cet endroit se réduit à ce raisonnement : » Voulez-vous sçavoir pourquoi votre » fils aura moins d'égaux à titre de Me- » nuisier qu'à tous ceux qu'il tient de sa » naissance ? C'est qu'étant déja supé- » rieur à tous les Menuisiers du monde » parce qu'il est Lord, Marquis ou » Prince, il sera encore supérieur à » tous les Lords, Marquis ou Princes, » parce qu'il sera Menuisier, il n'aura » donc plus d'égal, ni dans l'ordre des » Artisans, ni dans celui de la No-

» blesse, puisqu'il sera le seul de son » espèce par la sublime singularité de » sa conduite, le seul qui vaincra les » préjugés, qui régnera sur l'opinion, » qui se rendra indépendant de la *fortu-* » *ne & des choses* «. *J. J. R.* ne s'est pas flatté sans doute que de pareils sophismes engageroient les personnes de condition à oublier ou à négliger jusqu'à ce point les prérogatives de leur naissance. Cependant il emploie plus de vingt pages à raisonner sur l'importance & la nécessité de faire apprendre un métier à son éléve & sur le choix de ce métier (1); il ne veut pas qu'il soit *Brodeur*, ni *Doreur*, ni *Vernisseur*, comme le Gentil homme de Locke, il ne lui permet pas d'être Musicien, quoiqu'il ait appris la Musique sans connoître la signification des notes, ni

(1) Tom. II. pag. 121.

Comédien, ni *faiseur de Livres*, il aime mieux qu'il soit *Cordonnier* que Poëte, qu'il *pave les grands chemins* que de faire des fleurs de porcelaine. Il prétend lui faire apprendre un métier, *un vrai métier*, un métier utile : mais sera-t-il Maréchal ou Forgeron ? Non, à moins qu'une raison particuliere ne l'y porte. » Il n'aimeroit pas à lui voir dans la » forge la figure d'un Cyclope : il n'en » fera pas non plus un Maçon, encore » moins un Cordonnier, quoiqu'il ai» mât mieux qu'il fût *Cordonnier que* » *Poëte*. Tout bien considéré, dit-il, » le métier que j'aimerois mieux qui » fût du goût de mon Eleve, c'est celui » de Menuisier. Il est propre, il est » utile, il peut s'exercer à la maison ; » Je suis donc d'avis (1) que nous al» lions toutes les semaines une ou deux

(1) Tom. II. Pag. 143.

» fois au moins, passer la journée chez
» le Maître *Menuisier*, que nous nous
» levions à son heure, que nous soyons
» à l'ouvrage avant lui, que nous man-
» gions à sa table, que nous travaillions
» sous ses ordres ». Concevez-vous, Monsieur, qu'un homme qui se pique d'avoir fait de si grands progrès dans la connoissance des hommes puisse nous débiter sérieusement de pareilles extravagances ? Concevez-vous qu'il ose les présenter au Public comme le plan d'une éducation raisonnable & propre à former aux devoirs de son état, le fils d'un Lord, d'un Marquis ou d'un Prince ? Mais sa chimere favorite a toujours été de rappeller tous les hommes à l'égalité primitive de la nature ; il remarque avec complaisance » qu'elle ne fait
» ni Princes, ni Riches, ni Grands-
» Seigneurs », & comme il se donne par-tout pour le fidèle interpréte & le juste vengeur des droits de la Nature

après avoir fait d'inutiles efforts pour persuader aux hommes de vivre errans dans les bois comme les Sauvages du Canada ; il voudroit, au moins, les réduire à embrasser la condition des Artisans comme la plus propre à détruire cette inégalité de rangs & de conditions qu'il abhorre. C'est sans contredit l'état le plus commun, & par conséquent le plus propre à les égaler, & il le veut si bien & si sérieusement, qu'il nous apprend qu'un Prince lui ayant proposé d'élever son fils (c'étoit bien mal s'adresser) il refusa cet office, parce que si le plan d'éducation qu'il prétendoit suivre avoit réussi, » le Prince » auroit renié son titre (1). Il n'eut plus » voulu être Prince ». Ce qui ne signifie pas, dans le sens de l'Auteur, que ce fils n'eût plus voulu avoir aucun des

(1) Tom. I. pag. 49.

défauts que l'on apperçoit ordinairement dans les Princes : il n'y auroit rien là de ſingulier, ni d'extraordinaire ; il veut dire qu'il auroit renié ſon titre, qu'il auroit renoncé au rang & à la qualité de Prince, qu'il ſe ſeroit fait un devoir & un plaiſir de travailler avec ſon Gouverneur dans la boutique d'un Menuiſier ; & qu'il auroit mieux aimé paſſer ſa vie à la campagne avec des Vignerons & des Laboureurs, ou dans la Ville avec des Artiſans, que de jouir à la Cour & dans les Armées des hautes prérogatives de ſon Auguſte naiſſance. C'eſt donc à une égalité, proprement dite, que R. voudroit réduire tous les hommes de quelque qualité & condition qu'ils ſoient. Son orgueil plus que philoſophique, ſouffre impatiemment les honneurs & les diſtinctions attachées au rang ou à la naiſſance ; & ne pouvant s'égaler aux Grands, il voudroit pouvoir les abaisser jusqu'à lui. Je vous laisse à penser si l'on peut rien imaginer au monde de plus chimérique & de plus déraisonnable que cette égalité qui n'iroit à rien moins qu'au renversement total de la Société civile, dont l'ordre & l'harmonie n'est fondée que sur l'inégalité & la dépendance mutuelle d'une condition à l'autre.

Jean-Jacques est tellement épris de cette chimere, qu'il emploie toutes les ressources & toute la subtilité de son esprit pour la réaliser : il ne cherche qu'à étonner son Lecteur par des idées bisarres auxquelles personne n'avoit encore pensé avant lui. S'agit-il de marier son Eléve : il lui donne pour Epouse une Païsanne dont il fait un portrait qu'on pourroit intituler : *idée de la femme qui ne se trouve point*. Tout le monde a pensé, tout le monde a dit qu'il falloit, autant qu'il étoit possible, chercher dans le mariage la convenance des humeurs & des caractères : cette maxime est vraie, mais elle a paru trop commune à un Ecrivain qui veut toujours être singulier. Il va jusqu'à dire » qu'il » y a telle convenance de goûts, d'hu» meurs, de caractères qui devroit » engager un pere sage, fut-il Prince, » fut-il Monarque, (1) à donner sans » balancer à son fils, la fille avec la» quelle il auroit toutes ces convenan» ces, fut-elle née dans une famille » deshonnête, fut-elle la fille du » Bourreau ». Toujours outré, toujours excessif dans ses décisions, il ne craint point d'assurer qu'il n'est pas possible, sans un miracle (2), (& il a grand soin d'avertir qu'il n'en croit aucun.) de trouver une seule femme à

(1) Tom. IV. pag. 186.

(2) Tom. IV. pag. 121.

Londres & à Paris, qui ait *l'ame honnête.* Vous lui entendrez dire avec la même assurance » qu'il est de la der-» niere évidence que les Compagnies » savantes de l'Europe, ne sont que » des Ecoles publiques de mensonge, » & que très-sûrement il y a plus d'er-» reur dans l'Académie des sciences, » que dans tout un peuple de Hu-» rons (1) ». S'il avoit vécu parmi les Hurons, il ne seroit pas tenté de préférer leur jugement à celui des Compagnies savantes de l'Europe ; il seroit plutôt effrayé des opinions fausses & ridicules dont ces Peuples sont préoccupés & de la difficulté que l'on trouve à leur faire entendre raison lorsqu'on entreprend de les éclairer. Qu'il interroge les Voyageurs qui les ont fréquenté & qui les connoissent, qu'il leur deman-

(1) Tom. II. pag. 155.

de s'ils croient qu'il y a plus d'erreurs dans l'Académie des Sciences que dans un Peuple de Hurons : il sera sûrement humilié de leur réponse, s'il est capable de l'être ; mais non, il sera toujours plus de cas de ses vaines spéculations que de l'expérience de tous les Voyageurs. C'est plutôt lui, que les Compagnies savantes de l'Europe, qui met toute sa gloire à étonner le Public par la multitude & la singularité de ses erreurs.

Son Traité de l'Education en contient plus lui seul que toutes les Compagnes savantes de l'Europe n'en ont jamais adopté. Pourvu qu'il fasse briller son esprit, il s'embarrasse peu que la vérité en souffre ; on diroit qu'il a voulu se peindre lui même quand il dit (1) : » Où est le Philosophe qui, pour sa

(1) Tom. II. pag. 30.

» gloire,

» gloire, ne tromperoit pas volontiers » le genre humain ? Où est celui qui, » dans le secret de son ame, se propose » un autre objet que de se distinguer ; » pourvu qu'il s'éleve au-dessus du vul- » gaire, pourvu qu'il efface l'éclat de » ses concurrens, que demande-t-il ? » L'essentiel est de penser autrement » que les autres ». *Rousseau* en est si persuadé qu'il s'écarte rarement de ce point essentiel dans toute la suite de son Ouvrage. Le vrai y marche toujours à côté du faux, & ils y sont tellement mêlés que le faux y domine, il ne corrige presque jamais un excès que par un autre qui seroit encore plus nuisible & plus dangereux. Parce qu'on éleve quelquefois les enfans dans une trop grande contrainte, il veut qu'on les livre à une licence effrénée : on ne le rencontre jamais dans ce juste milieu qui nous est tracé par la raison même, il s'en éloi-

gne à chaque inſtant pour ſe perdre dans les écarts d'une imagination que rien n'arrête : & ce qu'il y a de plus étonnant, c'eſt qu'il eſt en même tems trop éclairé pour ne pas s'en appercevoir, & trop ſincere pour n'en pas convenir. » On croira moins lire (1), dit-il
» dans ſa Préface, un Traité d'Educa-
» tion que les rêveries d'un Viſionaire
» ſur l'Education. Qu'y faire ! ce n'eſt
» pas ſur les idées d'autrui que j'écris,
» c'eſt ſur les miennes. Je ne vois point
» comme les autres hommes; il y a long-
» tems qu'on me l'a reproché, mais dé-
» pend-t-il de moi de me donner d'au-
» tres yeux, & de m'affecter d'autres
idées. Autant en pourroit dire un malade en délire qui feroit imprimer ſes rêveries : il ne dépend point de lui de ne les pas avoir, mais il peut fort bien ſe paſſer

(1) Tom. I. Note au bas de la pag. 273.

de les rendre publiques, & si l'envie lui en prend, il doit toujours avoir auprès de son lit des amis charitables qui empêchent que ses rêveries ne soient divulguées. Mais, dira-t-on, *J. J. Rousseau* est-il donc un malade en délire ? Non, c'est un homme plein d'esprit qui cherche à se faire un nom par la nouveauté & la singularité de ses systêmes, un homme qui va toujours au-delà du vrai, parce qu'il lui paroît trivial, & par conséquent peu propre à faire connoître au Public toute la force & toute l'étendue de son génie : un homme qui aime mieux s'égarer dans le pays des chimeres, que d'occuper ce juste milieu que la vérité habite, qui n'a pas plutôt fait quelques pas dans cette route battue & fréquentée, qu'il s'en éloigne pour conduire son Lecteur dans des espaces inconnues & imaginaires, & pour y perdre avec lui : un homme enfin qui donne au Public un gros Ouvrage partagé en quatre volumes, sur un sujet aussi grand, aussi sérieux & aussi important au bien général de la Société que l'Education de la jeunesse, & qui reconnoît lui-même par un aveu qui met le comble à la singularité qu'il affecte, que son livre n'est le plus souvent qu'un tissu de rêveries. » On n'étudie plus, dit-il (1), on » n'observe plus, & l'on nous donne » gravement pour de la Philosophie, » les rêves de quelques mauvaises » nuits. On me dira que je rêve aussi, » j'en conviens; mais ce que les autres » n'ont garde de faire, je donne mes » rêves pour des rêves, laissant chercher au Lecteur s'ils ont quelque chose d'utile pour les gens éveillés ». N'eut-il pas mieux fait de nous épar-

(1) Tom. I. note au bas de la pag. 273.

gner la peine de faire ce diſcernement? Je me trompe, il ſuppoſe que ſon Lecteur eſt éveillé, & il ſe repréſente lui-même comme un homme qui rêve & qui parle en dormant : or c'eſt certainement à celui qui veille d'apprêter les diſcours de celui qui rêve pour en recueillir les penſées juſtes & raiſonnables qui auroient pu lui échapper par hasard. Le rêveur ne peut pas être en état de faire un pareil choix, il ne peut être chargé que de dire tout ce qui lui vient à l'eſprit, & de laiſſer à ceux qui ne rêvent pas, le ſoin d'en juger ; & après avoir écouté toutes les rêveries de *J. J. R.* nous qui ſommes éveillés, nous ne pouvons nous empêcher de dire que depuis que l'on fait des Livres, il eſt peut-être le premier Ecrivain qui ſe ſoit aviſé de déclarer aux hommes qu'il prétendoit les inſtruire en leur débitant les *rêves de ſes mauvaiſes nuits*, & que ſi l'on exécutoit à la lettre le plan d'Education qu'il propoſe, les rêves de ſes mauvaiſes nuits feroient paſſer à ſon Eleve *de ſort mauvais jours*. Toutes ces abſurdités ne ſont cependant que les moindres défauts de ſon Ouvrage : on pourroit lui pardonner d'avoir formé dans ſon imagination un plan d'Education chimérique & impraticable qui ne ſera ſuivi de perſonne. Mais comment lui paſſer les propoſitions énormes qu'il avance contre l'autorité des Rois & contre la Religion révélée. Il ne ſera que ridicule quand il propoſera ſérieuſement d'obliger Emile de courir à pieds nuds dans les cours & dans le jardin de la maiſon où il demeure, lorſqu'il entreprendra de lui apprendre l'Aſtronomie ſans Sphere, la Géographie ſans Cartes & la Muſique ſans Notes : on rira de ſes chimeres, il ne ſera que ridicule encore une fois & lorſque perſonne n'en ſouffre, il ſemble que tout le monde a droit de l'être à ſes riſques, périls & fortune.

Mais lorſqu'il employera la malheureuſe fécondité de ſa plume à établir des principes ou des maximes qui tendent au renverſement du Trône & de l'Autel, lorſqu'il s'efforcera d'anéantir le reſpect qui eſt du à l'autorité des Rois & à la ſainteté de la Religion révélée, lorſqu'on entendra blaſphêmer contre toute Puiſſance qui vient de Dieu & contre les Oracles de Dieu même, ne ſera-t-on pas en droit de dire : qu'il devient criminel & pernicieux, qu'il ſe déclare ennemi de la paix publique, qu'il arme en quelque ſorte les Sujets contre les Souverains, qu'il excite le trouble & la ſédition, qu'il prêche ouvertement l'irreligion & le blaſphême. C'eſt ce double attentat qui a ſoulevé contre lui un ſi grand nombre de Lecteurs : vous allez juger s'il en eſt coupable. Quoiqu'il affecte de paroître plus circonſpect ſur le pouvoir des Monarques que ſur la vérité de la Religion révélée, il en dit aſſez pour inſinuer dans tous les cœurs la haine de la Royauté : je ne dis pas ſeulement la haine du deſpotiſme, *R*. ne met aucune différence entre l'un & l'autre, il parle toujours en général contre tous les Rois, & ce ſeul titre lui eſt odieux, & il ne tient pas à lui qu'il ne devienne haïſſable à tout l'Univers. Jugez-en par cette petite note miſe au bas de la page dix du premier Volume : » Les guerres » des Républiques ſont plus cruelles » que celles des Monarchies : mais ſi la » guerre des Rois eſt modérée, c'eſt » leur paix qui eſt terrible ; il vaut » mieux être leur ennemi que leur » ſujet ». Que peut-on dire de plus fort pour rendre les Rois odieux, que cette

cette affreuse proposition : *Il vaut mieux être leur ennemi que leur sujet ?* N'est-ce pas supposer qu'ils traitent leurs sujets avec plus de rigueur que leurs ennemis ? N'est-ce pas faire entendre qu'il vaut mieux avoir les armes à la main pour les combattre, que d'être soumis à leur domination ? N'est-ce pas travailler à dégoûter un peuple fidéle d'une autorité qui est toujours le plus ferme appui de son repos, quand elle est respectée. Quel est donc le dessein de ce prétendu Philosophe ? A-t-il en vûe d'ébranler la fidélité des peuples ? S'est-il proposé de détrôner tous les Rois, & de remplir tous les Royaumes de séditions & de révoltes ? Est-ce en débitant de pareilles maximes qu'il prétend former à la vertu le cœur de la jeunesse, & la rendre utile à l'Etat ? Veut-il faire revivre par-tout la secte des Indépendans, qui a causé tant de malheurs à l'Angleterre ? Aspire-t-il au moment de voir toutes les Monarchies détruites ? Il donneroit lieu de le ſoupçonner, puiſqu'il prévoit déjà leur chûte prochaine, & qu'il oſe la prédire. » Nous approchons, dit-il (1), de » l'état de criſe & du ſiécle des révolu- » tions. « Ce qu'il explique par cette note, qui fait mieux entendre ſa penſée : » Il eſt impoſſible que les grandes Mo- » narchies de l'Europe ayent encore » long-tems à durer : toutes ont brillé ; » & tout ce qui brille eſt ſur ſon déclin. » J'ai de mon opinion des raiſons plus » particulieres que cette maxime ; mais » il n'eſt pas à propos de les dire, & » chacun ne les voit que trop. « Cette folle & ridicule prophétie ne peut tomber que dans l'eſprit d'un homme qui en déſire l'accompliſſement, & qui en attaquant les principes des autres, ſe

(2) Tom. II. pag. 116.

laisse aveugler par les siens. Au reste, si l'on pouvoit renverser les Monarchies à coups de plume, il n'est pas douteux que *Rousseau* employeroit volontiers la sienne à cette grande expédition : mais comme il faut d'autres instrumens pour les détruire, & d'autres bras que les siens pour les mettre en œuvre, il y a grande apparence qu'elles survivront encore long-tems à celui qui prédit leur chûte, & qu'elles dureront plus que ses Livres. Il veut bien supprimer, pour l'honneur des Monarques, les raisons particulieres qu'il croit avoir de les détester ; & toute la grace qu'il leur fait, c'est de laisser à ses Lecteurs la liberté de suppléer à son silence par de sérieuses réflexions sur les divers abus dont ils sont les témoins. La crainte a sans doute retenu sa plume, qui n'a pas coutume de s'arrêter en si beau chemin ; mais les Rois ne doivent pas lui sçavoir beaucoup de gré de sa fausse retenue, il ne se tait qu'en mettant le Lecteur sur la voye pour imaginer tout ce qu'il ne dit pas; & sa retenue affectée ne peut manquer de produire les mêmes effets que les plus cruelles invectives. Il saisit avidement toutes les occasions de décrier les Rois; & lorsqu'elles ne se présentent pas, il les cherche ou il les fait naître. Il n'importe guère à l'éducation d'*Emile* de sçavoir s'il est utile ou nécessaire que les Rois ne se montrent jamais en public qu'avec toutes les marques de leur dignité; mais comme *Rousseau* pense qu'il est très-utile & très-nécessaire d'inspirer de bonne heure à la jeunesse la haine & le mépris de la Royauté, il s'efforce de la rendre odieuse & méprisable, par cette réflexion. » Dans le gouvernement, l'au» guste appareil de la puissance Royale » en imposoit aux sujets; des marques

» de dignité, un trône, un ſceptre, une » robe de pourpre, un bandeau étoient » pour eux des choſes ſacrées; ces ſi» gnes reſpectés leur rendoient véné» rable l'homme qui en étoit orné : ſans » ſoldats (1), ſans menaces, ſitôt qu'il » parloit, il étoit obéi. Maintenant » qu'on affecte d'abolir ces ſignes, qu'ar» rive-t-il de ce mépris ? Que la majeſté » Royale s'efface de tous les cœurs, que » les Rois ne ſe font plus obéir qu'à » force de troupes, & que le reſpect des » ſujets n'eſt que dans la crainte du châ» timent : les Rois n'ont plus la peine » de porter leur diadême, ni les Grands » les marques de leur dignité; mais il » faut avoir cent mille bras toujours » prêts pour exécuter leurs ordres. » Quoique cela leur ſemble plus beau » peut-être, il eſt aiſé de voir qu'à la

(1) Tom. II. pag. 233 & 234.

» longue cela ne leur tournera pas à » profit. « Voici encore une nouvelle prophétie de la chûte prochaine des grandes Monarchies, fondée sur ce que les Monarques ont *cent mille bras toujours prêts à exécuter leurs ordres*. D'autres en concluroient que tant de bras soumis à leur volonté préviendront aisément la chûte dont on les menace; mais *Rousseau* en tire une conclusion toute contraire; il prétend que la grandeur de leur puissance, loin de contribuer à l'affermir, ne servira qu'à la détruire. Ce qui ne se peut dire qu'en supposant que l'abus qu'ils font de leur puissance armera contr'eux la multitude; & pour justifier, autant qu'il est en lui, cette conjecture, il a soin de jetter dans son Ouvrage les maximes les plus propres à soulever cette multitude contre une autorité qu'il abhorre. Il commence d'abord par lui faire remarquer qu'elle ne ſent pas ſa force, en diſant (1) que » s'il y a des riches, c'eſt que les » pauvres l'ont bien voulu. « Pour leur inſinuer qu'étant le plus grand nombre, ils ſont néceſſairement les plus forts; & par conſéquent qu'il ne tiendroit qu'à eux de dépouiller les riches, s'ils connoiſſoient leurs forces, & s'ils vouloient en uſer. S'il y a des riches dans le monde, dit-il, c'eſt que les pauvres l'ont bien voulu. Qu'ils ceſſent de le vouloir, il n'y en aura plus, & tout rentrera dans cette égalité naturelle, que l'Auteur cherche toujours à établir, au riſque de renverſer de fond en comble toute la Société civile. Défenſeur opiniâtre d'une indépendance qui entraîneroit également la ruine des Monarchies & des Républiques, il revient ſans ceſſe à cette chimere. » Il y a, dit-il, dans l'état de

(1) Tom. I. pag. 243.

» nature une égalité de fait réelle &
» indestructible ; parce qu'il est impos-
» sible, dans cet état, que la différence
» d'homme à homme soit assez grande
» pour rendre l'un dépendant de l'autre.
» Il y a dans l'état civil une égalité de
» droit chimérique & idéale ; parce que
» les moyens destinés à la maintenir ser-
» vent eux-mêmes à la détruire, & que
» la force publique ajoutée au plus fort
» pour opprimer le foible, rompt l'es-
» pece d'équilibre que la Nature avoit
» mis entr'eux. « Qu'est-ce donc, selon lui, que cette puissance souveraine & constitutive du Gouvernement politique dans les Gouvernemens Monarchiques ou Républiquains, & comment doit-on la définir ? Cette puissance n'est autre chose, dans les principes de *Rousseau*, que » la force publique ajoutée au
» plus fort pour opprimer le plus foi-
» ble, & pour rompre l'espece d'équi-

» libre que la Nature a mis entr'eux. « C'eſt-à-dire que toute puiſſance publique n'eſt qu'une véritable oppreſſion, qui n'eſt propre qu'à faire ſouffrir & gémir le plus foible ſous la loi du plus fort, une oppreſſion qui fait le malheur du genre humain, & que tous les peuples armés & réunis devroient s'empreſſer d'anéantir par la force de leurs bras, comme il cherche lui-même à la décrier par l'énergie de ſa plume. Il les excite en quelque ſorte à s'unir enſemble pour former une multitude invincible, qui peut ſeule rétablir en un moment ce précieux équilibre que la Nature a mis entre tous les hommes, cette égalité déſirable qui aboliroit à jamais tout le pouvoir du Gouvernement, & tous les titres de diſtinction qui bleſſent ſon indépendance & ſa vanité. La note qu'il ajoute pour expliquer ſa fauſſe définition, montre à découvert tout le fond de ſa penſée. » L'eſprit univerſel des » Loix de tous les pays eſt de favoriſer » toujours le fort contre le foible, & » celui qui a, contre celui qui n'a rien; » cet inconvénient eſt inévitable, & il » eſt ſans exception. « Il n'attaque donc pas ſeulement les Légiſlateurs qui abuſent de leur pouvoir, il en veut aux Loix mêmes, & aux Loix de tous les pays du Monde, ſans aucune exception; & par-là il ſe déclare contre toute eſpece de Gouvernement. Il veut que chaque Particulier ſoit en quelque ſorte à ſoi-même ſon Légiſlateur & ſa Loi: plus de Rois, plus de Magiſtrats, plus d'autorité. Cet affreux ſyſtême détruiroit abſolument la Société civile; il en ruine les fondemens, il en briſe tous les liens, il livre tout le genre humain à la violence des paſſions, ſans leur laiſſer d'autre frein que les ſpéculations creuſes & idéales d'une vaine Philoſophie.

Jean-Jacques Rousseau ne dira pas que ces conséquences ne sont point liées avec ses principes, puisqu'il est le premier à les avouer. » De cette premiere » contradiction, dit-il, découlent toutes celles que l'on rencontre dans l'ordre civil entre l'apparence & la réalité. Toujours la multitude sera sacrifiée au petit nombre, & l'intérêt public à l'intérêt particulier : toujours » ces noms spécieux de justice & de » subordination serviront d'instrumens » à la violence & d'armes à l'iniquité : » d'où il suit que les Ordres distingués, » qui se prétendent utiles aux autres, » ne sont en effet utiles qu'à eux-mêmes, » aux dépens des autres; par où l'on » doit juger de la considération qui leur » est dûe, selon la justice & selon la raison. « C'est comme si l'on disoit : Disparoissez, Rois, Princes, Magistrats, Auteurs, Ministres ou Vengeurs des

Loix, protecteurs apparens du genre humain, vous n'en êtes réellement que les destructeurs. Cette justice que vous vantez, cette subordination que vous exigez, ne sont que » des noms spécieux » qui serviront toujours d'instrumens à » la violence & d'armes à l'iniquité. « Vous prétendez être utiles aux autres par une trompeuse apparence ; mais vous n'êtes dans la réalité » utiles qu'à » vous-mêmes, aux dépens des autres. « Peut-on imaginer rien de plus séditieux qu'un pareil discours ? N'est-ce pas se déclarer ouvertement l'ennemi des Rois, l'ennemi de toute espece de Loi & de Gouvernement politique, l'ennemi de la Société civile, &, pour tout dire en un mot, l'ennemi du genre humain, que de débiter des principes aussi pernicieux & d'en avouer toutes les conséquences ? L'Auteur pouvoit-il faire un usage plus criminel de son esprit, que de l'employer à les ſoutenir ? Comment des idées ſi noires & ſi funeſtes ont-elles oſé ſe montrer au grand jour ? Mais que peut-on penſer de l'aveuglement incompréhenſible de ceux qui ne ceſſent de prôner cet Ouvrage, de le produire, de l'annoncer avec éloge, & qui voudroient peut-être en multiplier les éditions ? Que n'auroit-on pas à craindre de la perverſité de leurs ſentimens, s'ils ſont entrés dans l'eſprit de l'Auteur qu'ils admirent, s'ils ont bien compris le véritable ſens de ſes maximes, & s'ils en ont enviſagé les ſuites dans toute leur étendue ? Quoi ! ont-ils deſſein de s'aſſocier avec lui pour attaquer toutes les Loix, pour allumer dans tous les pays du Monde le feu de la diſcorde & de la guerre ? Veulent-ils renverſer le trône des Rois, anéantir dans tous les cœurs l'amour & le reſpect qui leur ſont dûs ? On aime mieux croire qu'ils ont parcouru le Livre de *Rousseau* sans se donner la peine de l'étudier pour le connoître ; & que séduits par le babil ingénieux de cet Auteur, ils ont entrevu ses principes, sans se donner le loisir d'en pénétrer toutes les conséquences. Elles sont encore plus développées dans son Traité *du Contrat Social*, qui n'a point encore paru en France, & dont il est facile de se former une juste idée par l'extrait qu'il en a fait lui-même au quatrieme volume de son Traité *de l'Education*. Là il leve, d'une main hardie, le voile qui doit toujours couvrir tout ce qu'une raison égarée est capable de produire, quand elle entreprend de balancer les droits des Rois avec ceux des Peuples. Il commence d'abord par témoigner le plus dédaigneux mépris pour tous les Ecrivains célèbres qui ont traité ce sujet avant lui. A l'entendre, » Grotius, le maître de tous nos

» Savans en cette partie (1), n'eſt » qu'un enfant ; & qui pis eſt, un enfant » de mauvaiſe foi. « *Jean-Jacques* poſe pour principe que le Peuple n'eſt ſoumis à ſon Chef, ou à ſes Chefs, que *par un contract tacite ;* & que c'eſt à lui de juger ſi les conditions de leur part ſont exactement obſervées. Il ſoutient que » l'autorité ſouveraine n'eſt autre choſe que » la volonté générale de tous les particuliers ; « & que rien ne peut les obliger que cette *volonté générale.* Il examine (2) ce que c'eſt qu'une Loi, & quels en ſont les vrais caracteres. Ce ſujet eſt tout neuf, dit-il, la définition de la Loi eſt encore à faire. Des mains ſavantes & laborieuſes ont cependant donné au Public un très-grand nombre de volumes, où l'on traite à fond de la

(1) Tom. IV. pag. 375.
(2) Tom. IV, pag. 386 & 387.

nature de la Loi, & des obligations qu'elle impose; & il feroit bien étonnant que depuis le tems que l'on a commencé à faire des Loix, personne ne se fût encore avisé d'en expliquer la nature. Quoi qu'il en soit, *J. J. Rousseau* ne connoît point, dans quelque Etat ou Société que ce puisse être, d'autre Souverain que le Peuple; & il entreprend de prouver, par de fort mauvaises raisons (1), qu'il n'est pas possible » que le » Peuple se dépouille jamais de son droit » de souveraineté, pour en revêtir un » homme ou plusieurs. « Il avance comme un principe incontestable » que les » Chefs du Peuple ne peuvent jamais » être que les Officiers du Peuple, qui » leur ordonne de faire exécuter les » Loix: « qu'étant ses Officiers (2) » ils

(1) Ibid. pag. 390.
(2) Pag. 391.

» lui

» lui doivent compte de leur adminiſ-
» tration, & qu'ils ſont ſoumis eux-
» mêmes aux Loix qu'ils ſont chargés
» de faire obſerver. «

L'Angleterre ſe ſouvient encore avec douleur qu'elle a vû, dans le dernier ſiécle, une troupe d'enthouſiaſtes forcénés & de fanatiques indépendans employer les mêmes principes pour allumer dans ſes trois Royaumes une guerre cruelle & ſanglante, qui ne finit que par la mort tragique & déplorable du meilleur de tous ſes Princes (1).

Tout ce Traité *du Contract Social*, à en juger par l'extrait qu'il nous en donne, n'eſt qu'un aſſemblâge monſtrueux de maximes hazardées, de propoſitions entortillées & artificieuſes, de conſéquences abſurdes ou dangereuſes, qui ne vont à rien moins qu'à détruire tou-

(1) Charles Premier.

tes les Monarchies & à troubler toutes les Républiques ; le tout enveloppé d'expressions singulieres, dont il change la signification pour brouiller toutes les idées. C'est ainsi qu'il appelle (1) le Corps politique *Etat*, quand il est passif ; *Puissance*, en le comparant à ses semblables ; les membres de ce Corps, *Magistrats* ou *Rois*, c'est-à-dire, *Gouverneurs* ; le Corps entier considéré dans les hommes qui le composent, s'appelle *Prince* ; & considéré par son action, il s'appelle *Gouvernement*. Toutes les notions s'obscurcissent, toutes les idées se perdent & se confondent dans cette fausse & artificieuse nomenclature.

Jean-Jacques marche plus à découvert dans les endroits où il attaque la Religion révélée, dont il ne commence à parler qu'à la fin du second volume.

---

(1) Tom. IV. pag. 383.

» Je prévois, dit-il (1), combien de » Lecteurs seront surpris de me voir suivre tout le premier âge de mon Eleve » sans lui parler de Religion : à quinze » ans il ne sçavoit pas s'il avoit une » ame, & peut-être à dix-huit n'est-il » pas encore tems qu'il l'apprenne. « Pourquoi donc tant différer à lui apprendre des vérités qu'il lui est si important de connoître? C'est, dit-on, parce que s'il les apprend plutôt qu'il ne faut, il court risque de ne les jamais sçavoir. Pensée fausse, s'il en fut jamais : car si l'existence & la spiritualité de notre ame est une vérité certaine & incontestable, ainsi que l'Auteur en paroît persuadé (2), plus la raison de ce jeune homme se perfectionnera, plus il en sera intimement convaincu, & mieux

(1) Tom. II. pag. 345.
(2) Tom. III. pag. 71.

il ſentira les conſéquences qui en réſultent pour le réglement de ſes mœurs.

Remarquez encore ici à quel point *J. J. Rouſſeau* ſe livre perpétuellement à un eſprit d'inconſéquence & de contradiction qui lui fait braver les regles de la Logique. S'agit-il d'apprendre à ſon Eleve, encore enfant, l'Aſtronomie ſans ſphere, la Géographie ſans cartes, la Muſique ſans notes, il lui ſuppoſe aſſez d'eſprit pour concevoir ſans peine au moins les premiers élémens des Sciences les plus difficiles & les plus abſtraites. Il exagere en mille endroits les lumieres prétendues de cette premiere enfance, qui nous paroît enſevelie dans d'épaiſſes ténèbres, & incapable de toute eſpece d'inſtruction. Faut-il, au contraire, apprendre à ce même Eleve qu'il a une ame, un principe de vie, de penſées & de ſentimens, qui ne peut être que l'ouvrage immédiat d'un

Dieu créateur ; il le laiſſe arriver juſqu'à l'âge de dix-huit ans ſans oſer lui en dire un ſeul mot : ce jeune homme ſi ſuſceptible des plus hautes connoiſſances, lorſqu'il n'étoit qu'un enfant, n'eſt plus en état d'atteindre à des vérités ſi claires & ſi ſenſibles ; il le ſuppoſe ſtupide : après lui avoir donné à quatre ans plus de lumieres qu'il n'en peut avoir, il les lui ôte preſque toutes à dix-huit. Mais s'il ignore qu'il a une ame, s'il ne ſçait pas qu'il y a un Dieu qui lui demandera compte de ſes actions, s'il ne connoît pas même la Religion naturelle, puiſqu'on ne lui a pas encore parlé de Religion, comment remplira-t-il des devoirs qu'il ne connoît pas ? L'Auteur nous dit lui-même (1) que » l'oubli de toute Religion conduit à » l'oubli des devoirs de l'homme. « D'où

(1) Tom. III. pag. 7.

il ſuit évidemment que l'ignorance de toute Religion conduit à l'ignorance des devoirs de l'homme, puiſqu'on ne peut nier que la parité ne ſoit entiere à cet égard entre l'oubli & l'ignorance. *Emile*, âgé de dix-huit ans, ignorant encore toute Religion, ignorera donc les devoirs de l'homme, & par conſéquent tous les principes de la Loi naturelle; & comme il a plû à *Rouſſeau* de donner une étendue démeſurée à l'ignorance, qu'il ſuppoſe invincible, *Emile*, âgé de dix-huit ans, pourra donc tuer, voler, calomnier, violer enfin toutes les Loix ſans ſe rendre coupable d'aucun crime, pendant que la Juſtice humaine ſera en droit de le faire pendre pour les avoir violées. » Il eſt clair, » dit-il (1), que tel homme parvenu » juſqu'à la vieilleſſe ſans croire en

(1) Tom. II. pag. 382.

» Dieu, ne ſera pas pour cela privé de » ſa préſence dans l'autre vie, ſi ſon » aveuglement n'a pas été volontaire. « Quoi ! l'exiſtence de Dieu eſt-elle donc une vérité ſi obſcure, qu'un homme raiſonnable puiſſe parvenir juſqu'à la vieilleſſe ſans la croire, par un aveuglement involontaire ? On n'accuſera pas au moins *Rouſſeau* de s'être aveuglé lui-même ſur ce point : il introduit, dans ſon troiſiéme volume, un prétendu Vicaire Savoyard qui explique fort au long tout le ſyſtême de l'Auteur ſur la Religion naturelle & ſur la Religion révélée. Son diſcours eſt diviſé en deux parties : dans la premiere il établit fortement la vérité de la Religion naturelle ; & dans la ſeconde, il s'efforce de renverſer par toutes les objections imaginables la Religion révélée : dans l'une, il n'eſt occupé que du ſoin d'édifier ; & dans l'autre, il ne cherche qu'à détruire. C'est sans contredit l'endroit de tout son Ouvrage qui paroît écrit avec le plus de force & de clarté, & où il tâche de se rendre plus sensible & plus persuasif. Il employe d'abord toute la premiere Partie à prouver l'existence de Dieu, & la distinction de l'ame & du corps : il rejette absolument le systême des Matérialistes ; & en attaquant cette malheureuse Secte qui n'est aujourd'hui que trop répandue, il faut avouer qu'il l'accable d'une foule d'argumens sans réplique, & que si ses preuves ne sont pas nouvelles, il sçait du moins leur donner un air de nouveauté. Il démontre que nous avons une ame spirituelle, & il en conclut avec raison que » Locke n'est qu'un Sophiste de » mauvaise foi, qui aime mieux donner » du sentiment aux pierres qu'une ame » à l'homme. « *J. J. Rousseau* avoue (1)

(1) Tom. III. pag. 79.

que l'ame humaine a été faite à l'image de Dieu, qu'elle doit subsister après la destruction du corps, & qu'il y aura *une autre vie*, où les bons seront récompensés & les méchans punis. (1 Il ne croit pas à la vérité que leur punition puisse être éternelle; mais enfin, éternelle ou non, ils souffriront au moins, selon lui, des peines proportionnées à leurs forfaits. Voilà son Evangile; & cette premiere Partie contient tous les dogmes de sa Reli ion.

Dans la seconde, il déclare une guerre ouverte à la Religion révélée. Il nie que Dieu ait jamais parlé aux hommes; parce que lui, *Rousseau*, ne l'a jamais entendu. Il rassemble dans l'espace de vingt ou trente pages tout ce qui s'est jamais dit de plus fort & de plus spécieux pour décrier la révélation. Il combat l'évidence morale par des ar-

(1) Pag. 90.

gumens ſophiſtiques qui feroient douter s'il y a au Monde une Ville de Rome ou de Conſtantinople, à ceux qui n'ont point vû ces deux Villes de leurs propres yeux; qui feroient douter s'il y a eu autrefois une République Romaine, ſi l'Empire des Céſars a jamais exiſté. Il prétend aſſujettir l'évidence morale à la même préciſion que l'évidence métaphyſique, quoique des faits conſtans & avérés par le témoignage uniforme de tous les ſiécles, forment une démonſtration auſſi claire & auſſi victorieuſe que toutes celles des Géomètres & des Calculateurs. Il ne voit pas, ou il ne veut pas voir, que l'évidence métaphyſique de ces démonſtrations n'affecte que les eſprits d'un ordre ſupérieur, qui ſont ſeuls en état de les comprendre; au lieu que l'évidence morale eſt à la portée de tous, & que c'eſt par elle que les hommes ſe conduiſent &

qu'ils se conduiront jusqu'à la fin du Monde.

Il chicane les miracles de JESUS-CHRIST par des raisonnemens cent fois répétés & cent fois détruits ; & sçachant bien qu'il n'en est pas l'inventeur, il cherche au moins à les rendre plus séduisans, parce qu'il est dans l'impossibilité de les rendre plus solides. Il a grand soin de mettre à l'écart toutes les réponses qui ont été faites à ces objections, quoique sans doute il ne les ignore pas ; & pour éviter des discussions embarrassantes, il prend toujours le ton affirmatif & tranchant, comme le plus propre à éblouir & à tromper le vulgaire. Il rejette tous les miracles sans exception, comme des preuves inutiles par leur incertitude, quoiqu'il n'y ait point d'homme raisonnable & désintéressé qui ne soit intimement convaincu par le témoignage intérieur de ſa conſcience, que s'il avoit été témoin des miracles de JESUS-CHRIST, tels qu'ils nous ſont rapportés dans l'Evangile, il n'auroit pû s'empêcher de croire en lui, & de reconnoître la vérité de ſa Doctrine; & qu'il n'y a qu'une aveugle prévention contre la Religion révélée qui puiſſe faire regarder comme inſuffiſantes des preuves qui ont ſuffi pour convertir le Monde idolâtre.

Orguei leux juſqu'à l'excès, *Jean-Jacques* prétend impoſer des loix au Dieu tout-puiſſant, en lui diſputant le choix des moyens qu'il pouvoit prendre pour manifeſter ſes volontés. Accoutumé à ſe contredire ſans pudeur, il avoue que tout eſt myſtere dans l'ordre naturel, & il ne veut aucun myſtere dans la Religion, qui eſt encore au-deſſus de la Nature. Il avoue que la connoiſſance intime & parfaite de l'eſſence, de la conduite & des deſſeins de

Dieu ſurpaſſe notre intelligence, & il veut les approfondir. Il veut ſçavoir pourquoi Dieu damne celui qui ne croit pas en lui, pourquoi il permet que des Nations entieres ignorent la véritable Religion : & parce que c'eſt ici le ſecret de Dieu, & par conſéquent un myſtere impénétrable à la raiſon humaine, il en conclut que toutes les Religions ſont indifférentes au ſouverain Etre.

Entendez-le parler de la nature de Dieu, dans la premiere partie du diſcours de ſon Vicaire Savoyard, il y répond d'avance à toutes les difficultés qu'il expoſe dans la ſeconde avec tant d'artifice & de ſéduction. » Cet Etre, » dit il (1), qui veut & qui peut, cet » Etre qui agit par lui-même, cet Etre » enfin, quel qu'il ſoit, qui meut l'Uni- » vers & qui ordonne toutes choſes, je

(1) Tom. III. pag. 62.

» l'appelle Dieu. Je joins à ce nom les
» idées d'intelligence, de puiſſance, de
» volonté, que j'ai raſſemblées, & celle
» de bonté, qui en eſt une ſuite néceſ-
» ſaire : mais je n'en connois pas mieux
» l'Etre auquel je l'ai donné ; il ſe dé-
» robe également à mes ſens & à mon
» entendement : plus j'y penſe, plus je
» me confonds. Je ſçais très-certaine-
» ment qu'il exiſte, & qu'il exiſte par
» lui-même ; je ſçais que mon exiſtence
» eſt ſubordonnée à la ſienne, & que
» toutes les choſes qui me ſont connues
» ſont préciſément dans le même cas.
» J'apperçois Dieu par-tout dans ſes
» œuvres, je le ſens dans moi, je le vois
» autour de moi : mais ſitôt que je veux
» le contempler en lui-même, ſitôt que
» je veux chercher ce qu'il eſt, où il eſt,
» quelle eſt ſa ſubſtance, il m'échappe,
» & mon eſprit troublé n'apperçoit plus
» rien : pénétré de mon inſuffiſance, je

» ne raisonnerai jamais sur la nature de » Dieu, que je n'y sois forcé par le sen» timent de ses rapports avec moi. « C'est donc uniquement le sentiment des rapports de Dieu avec lui qui le force à raisonner sur la nature de cet Etre infini, & par conséquent incompréhensible. Ces rapports ne sont cependant pas plus faciles à connoître que son essence, puisqu'ils en dépendent, & qu'il est impossible de les concevoir dans toute leur étendue, sans mesurer la puissance infinie de Dieu, & sans trouver l'accord de sa justice avec sa bonté; ce qui sera toujours impraticable à la foiblesse de l'esprit humain. Ainsi loin que le sentiment de nos rapports personnels avec Dieu puisse jamais nous forcer à raisonner sur l'essence & sur les opérations de sa divinité, ce sentiment force plutôt un homme sage à n'en jamais raisonner, parce qu'il ne peut le faire sans se jetter dans toute la profondeur des abysmes de l'infini, où il ne peut manquer de se perdre dans des ténèbres plus fortes que toutes les lumieres de son esprit. Ainsi toutes les fois que *Jean-Jacques* entreprendra d'examiner si Dieu peut éclairer les uns, tandis qu'il laisse les autres dans une ignorance inexplicable; s'il peut damner un homme, parce qu'il n'aura pû se résoudre de croire en lui; s'il peut exiger tel culte extérieur préférablement à un autre, ou se contenter d'un culte purement intérieur; on sera toujours en droit de le confondre par cette maxime que nous tenons de lui, & qu'il auroit dû s'appliquer à lui-même: (1) » Ces raisonnemens sont toujours téméraires, » un homme sage ne doit s'y livrer qu'en

(1) Tom. III. pag. 63.

» tremblant, & sûr qu'il n'est pas fait » pour les approfondir. «

Plus vous suivrez ce prétendu Philosophe dans sa marche égarée, plus vous trouverez qu'il se contredit perpétuellement ; qu'il n'a pas plutôt avancé un principe, qu'il le désavoue ; & qu'après avoir épuisé toute la fécondité de son imagination pour exposer une objection dans toute sa force, il vous offre lui-même des armes pour la détruire. » La » majesté des saintes Ecritures l'étonne, la sainteté de l'Evangile parle à » son cœur ; « & il s'écrie (1) : » Se peut-» il qu'un Livre à la fois si sublime & si » simple soit l'ouvrage des hommes ? Se » peut-il que celui dont il fait l'histoire » ne soit qu'un homme lui-même ? « Il ajoute que (2) : » Si la vie & la mort de

(1) Tom. III. pag. 179.
(2) Pag. 182.

» Socrate ſont d'un Sage, la vie & la » mort de JESUS-CHRIST ſont d'un » Dieu. « Qui ne croiroit à l'entendre parler ainſi qu'il confeſſe la divinité de JESUS-CHRIST, & par conſéquent qu'il admet tous les dogmes de la Religion révélée ? Car enfin, ſi JESUS-CHRIST eſt Dieu, ſi ſon Evangile eſt un Livre divin, il ne peut nous enſeigner le menſonge, & l'on eſt forcé d'en conclurre que ce Livre ne contient que des vérités. Mais non; *Jean-Jacques*, après un tel aveu, ne rougira pas de nous dire que » cet Evangile eſt plein de choſes » incroyables, de choſes qui répugnent » à la raiſon, & qu'il eſt impoſſible à » un homme ſenſé d'admettre. «

Qui ne ſeroit étonné de trouver des contradictions ſi groſſieres dans un Ecrivain qui ſe pique d'avoir tant de juſteſſe & de pénétration dans l'eſprit ? Il faudroit un volume aussi gros que le sien pour le suivre pas à pas dans tous ses écarts. J'espere, MONSIEUR, que vous voudrez bien me dispenser d'un travail qui seroit également ennuyeux & superflu pour vous & pour moi. Vous avez trop de lumieres pour avoir besoin d'un plus long détail. Je vous crois déjà très-persuadé que le Livre de *Jean-Jacques Rousseau, sur l'Education*, est un des plus pernicieux Ouvrages qui ait paru dans ces derniers tems, & qu'il importe à l'honneur de la Religion & au bien de l'Etat qu'il ne soit répandu ni accrédité dans le Public ; car si les détestables principes & les dangereux paradoxes dont il est rempli venoient à séduire & à enivrer la multitude, en se communiquant par une espece de contagion, il seroit à craindre qu'ils ne causassent des révolutions aussi funestes aux

Etats Républicains qu'aux Etats Monarchiques. Genève l'a très-bien senti; ce Livre y a été proscrit. Le premier Tribunal du Royaume l'a flétri par un Arrêt plein de sagesse; & les Etats-Généraux eux-mêmes, ce pays de la liberté, ont cru devoir en supprimer le privilége & en défendre la distribution.

FIN.

www.ingramcontent.com/pod-product-compliance
Lightning Source LLC
LaVergne TN
LVHW020436230826
846091LV00004B/1518

* 9 7 8 2 0 1 3 6 1 7 0 8 6 *